ISBN 3 87624 290 8
2. Neuauflage 1981
Printed in Hongkong.

Lustige Waldabenteuer im Eschengrund

mit

Emil, dem Maulwurf,
und Florian und Sebastian,
den beiden Dachsen

Lustige Waldabenteuer
Band 3

von Lucy Kincaid

Inhalt

Aus dem Englischen übertragen von Gisela Fischer
Bilder von Eric Kincaid

PESTALOZZI-VERLAG, D 8520 ERLANGEN

Es regnet herein

Es war eine sehr finstere Nacht, ohne Mond, ohne Sterne. Der Wind heulte um „Haus Eschengrund", Regen klatschte gegen die Scheiben und trommelte auf das Dach. Nur die erleuchteten Fenster unterbrachen die Finsternis. Dann wurden auch diese nacheinander dunkel. Emil, der Maulwurf, und die Dachse Florian und Sebastian waren zu Bett gegangen.

Der Wind heulte so stark, daß Emil nicht einschlafen konnte. Er hielt sich mit den Pfoten die Ohren zu, aber das half nichts. Er setzte seine Wollmütze auf, auch das half nichts. Er überlegte, was er nun tun sollte, da, platsch, fiel etwas auf seine Nase. Ein Tropfen! Es regnete herein! Durch die Zimmerdecke!

„Florian!" schrie er. Er krabbelte aus seinem Bett und knipste Licht an. „Florian! Sebastian!! Kommt schnell!"
Als Sebastian erschien, stand Emil auf seinem Bett und versuchte, die Tropfen mit einem Pappbecher aufzufangen.
„Was ist los?" fragte Sebastian und gähnte herzhaft.
„Ja, siehst du denn nicht, daß es hereinregnet?!" antwortete Emil ärgerlich. „Tu etwas! Ich kann doch nicht die ganze Nacht hier stehen und Tropfen auffangen!" –
„O je!" Florian guckte Sebastian über die Schulter. „Es regnet ja herein." Sebastian bat ihn: „Los, hilf mir, wir schieben Emils Bett zur Wand, bevor es naß wird." Und ohne auch nur abzuwarten, bis Emil heruntergestiegen war oder sich gesetzt hatte, schoben sie.
„Hoppla! Verzeihung!" rief Sebastian. Emil war rückwärts umgefallen und hüpfte auf dem federnden Bett auf und nieder wie auf einen Trampolin. Die sorgsam aufgefangenen Regentropfen spritzten über sein Gesicht und verabreichten ihm unerwartet eine kalte Dusche.
„Ihr hättet mich vorher warnen müssen", beschwerte er sich.
„Es war ein Notfall, wir mußten rasch handeln", erwiderte Florian.
„Der Wind hat bestimmt einen Dachziegel heruntergeweht", vermutete Sebastian. „Morgen früh müssen wir aufs Dach steigen und nachschauen."

„Kannst du denn nicht jetzt gehen?" fragte Emil. Er war schnell wieder in sein Bett geschlüpft und hatte sich die Decke bis zum Kinn gezogen.
„Nein, erstens ist es dunkel, und zweitens regnet es."
„Du wirst schon nicht davonschwimmen", lachte Florian und stellte einen Eimer unter die undichte Stelle.
Ping...ping...ping...ping...ping...ping!
„Bei dem Lärm kann doch kein Maulwurf schlafen", beschwerte sich Emil. Doch er konnte.
Als er aufwachte, war es Tag und die Sonne schien. Irgendwann in der Nacht mußte es aufgehört haben zu regnen, denn der Eimer war nur halb voll Wasser, kaum genug, um darin zu waten.
„Ich hatte recht, ein Ziegel ist lose", sagte Sebastian zu Florian. „Komm, wir steigen aufs Dach und reparieren den Schaden."
„Ja, und mein Frühstück?" Emil war gar nicht einverstanden.
„Das muß heute warten", erklärte Sebastian. „Wir brauchen jemanden, der die Leiter hält."
Emil wurde das Leiterhalten bald langweilig. Er wollte wissen, was Sebastian und Florian machten, und stieg ebenfalls aufs Dach.

„Was machst du denn hier?" Sebastian staunte nicht schlecht.
„Vorsicht! Die Leiter fällt!" schrie Florian. Da fiel sie auch schon mit lautem Krach zu Boden. Nun saßen sie zu dritt auf dem Dach und konnten nicht mehr hinunter. Zum Springen war es viel zu hoch.
„Das ist Emils Schuld", sagte Florian vorwurfsvoll.

Emil aber strahlte. „Ich weiß gar nicht, warum ihr euch so aufregt. Ich werde die Leiter sofort wieder aufstellen." Und bevor Sebastian oder Florian ihn daran hindern konnten, hatte er bereits die Beine um das Abflußrohr geschlungen und sauste hinunter, der Erde, ja, und ... dem Wasserfaß entgegen.

„Volltreffer", sagte Sebastian trocken, als Emil aufklatschte. Das Wasser schoß wie ein Springbrunnen aus dem Faß.
„Alles in Ordnung?" erkundigte sich Florian besorgt.
„Natürlich nicht!" Emil spuckte fürchterlich. „Ich bin naß!"
Er fand Halt am Abflußrohr und zog sich aus dem Faß heraus. Einfach war das nicht! Das Wasser lief in Strömen aus Emils Fell und bildete bald eine Pfütze um seine Füße. Er begann, sein Fell auszuwringen.
„Stell doch erst die Leiter auf!" forderte ihn Sebastian auf.
Doch Emil erklärte: „Ich könnte mich dabei erkälten", und ließ die Dachse warten, bis auch der letzte Tropfen aus seinem Fell gewrungen war. Erst dann stellte er die Leiter auf. Als ihm einfiel, daß er noch nicht gefrühstückt hatte, hielt er die Leiter gut fest und ließ die Dachse heruntersteigen. Er wollte sie nicht zu sehr ärgern, sonst müßte er das Frühstück zubereiten. Und dazu hatte er gar keine Lust.

Emil trimmt sich

„Eins, zwei, drei, vier..."
„Wer spricht da?" fragte Emils Stimme aus dem Schuppen.
„Eins, zwei, drei, vier..."
„Wer spricht da?" fragte Emil diesmal mit lauter Stimme.
„Du brauchst nicht zu schreien, wir sind's", antwortete jemand gequält.
„Wir machen Dauerlauf."
Emil lugte aus der Schuppentür. „Ach, ihr seid es." Mit tänzelndem Schritt liefen die Enten im „Gänsemarsch" draußen vorbei.
„Warum macht ihr Dauerlauf?" wollte Emil wissen.
„Um fit und schlank zu bleiben", schnaufte Ralf Renner, der voranlief, ohne dabei aus dem Schritt zu geraten. „Du bist recht untersetzt, ein bißchen Sport täte dir auch gut... Eins, zwei, drei, vier..."

„Ich komme mit", erklärte Emil. „Ich kann ebenso gut laufen wie eine Ente. Ihr werdet sehen, ich bin außerordentlich fit."
„Komm nur", rief Ralf. „Eins, zwei, drei, vier."
„Eins, zwei, drei, vier..." wiederholte Emil.

Die Enten waren ans Laufen gewöhnt, Emil nicht. Und so dauerte es nicht lange, bis er außer Atem war.
„Können wir nicht ein wenig langsamer laufen?” schnaufte er.
„Auf keinen Fall... Eins, zwei, drei, vier...”
„Eins...fff...zwei...fff...drei...fff...vier...fff...”, schnaufte Emil.

Sebastian kam gerade den Fußweg herauf. Er trat zur Seite und ließ die Läufer an sich vorbeiziehen.
„Tag", grüßte er die Enten. „Herrlicher Tag für einen Dauerlauf." – „Jawohl...Eins, zwei, drei, vier...", erwiderte Ralf. Er war überhaupt nicht außer Atem.
„Und was machst DU?" fragte Sebastian, als Emil, wie eine Dampflokomotive schnaufend, hinterher gezockelt kam.
„Ich...fff...mache auch Dauerlauf", erklärte Emil. Er hob die Füße nun etwas höher vom Boden und zog seinen Bauch ein. Er wollte zeigen, daß er äußerst fit und keineswegs außer Atem war.
„Wie weit lauft ihr?" rief Sebastian ihnen nach, als sie vom Weg auf die Straße bogen. Er vernahm die Antwort nur schwach, denn auch Emil verschwand nun aus seinem Blickfeld.
Eine Stunde später kamen die Enten auf dem Weg zurück. Am Teichufer traten sie auf der Stelle.
„Eins, zwei, drei, HALT!" befahl Ralf Renner.
Gleichzeitig und mit dem gleichen Fuß standen alle still.
„Weg...getreten!"

„Wo ist Emil?" erkundigte sich Sebastian bei den Enten, als sie in verschiedene Richtungen davonwatschelten.
„Irgendwo da hinten", antwortete Ralf Renner gleichgültig und deutete über die Schulter zurück. Sebastian stellte den Spaten weg und rief Florian.
„Emil ist zurückgefallen... Ich hatte's mir ja gedacht. Bereite schon einmal ein Fußbad für ihn vor."
Als es dunkel wurde, kam Emil zu Hause an. Die Dachse erwarteten ihn auf dem Feldweg. Ganz langsam kam der Maulwurf angehumpelt, so langsam, als sei er einmal rund um die Erde gelaufen.
„Kein Wunder, daß diese Enten sich selbst Renner nennen", seufzte er. „Nicht ein einziges Mal verlangsamten sie den Schritt... Ich kam einfach nicht mehr mit... Meine Beine sind jetzt bestimmt kürzer als vorher."
„Du hättest gar nicht erst starten sollen", sagte Sebastian.

„Warum nicht?" fragte Emil entrüstet. „Ich bin ebenso fit wie jede Ente. Ich habe genug Kondition, um noch einmal hundert Kilometer Dauerlauf zu machen."
„Ich finde, du siehst schrecklich müde aus", meinte Florian. Er stellte das vorbereitete Fußbad vor Emils Stuhl auf den Boden.
„Stell deine müden Füße hinein, es wird ihnen guttun", sagte Sebastian.

„Nur meine Füße sind müde", sagte Emil. Er stellte die Füße ins Wasser und wackelte mit den Zehen. „Ich selbst...bin...gar...nicht..." Weiter kam er nicht. Die Stimme versagte ihm. Emil war eingeschlafen.

Emil als Babysitter

Eines Nachmittags, als Emil im Wald spazierenging, hörte er plötzlich Stimmen.

„Loslassen! Sofort loslassen!" sagte jemand ärgerlich.

Emil ging dem Geräusch nach und sah, daß Steffi Spitzmaus Schwierigkeiten mit ihrem Nachwuchs hatte.

Was war geschehen? Steffi Spitzmaus erzählte es Emil:
Steffi war vorangegangen, die fünf Mäusekinder waren ihr gefolgt. Eines hatte dabei immer den Schwanz des vorangehenden Mäuschens festgehalten. Das erste Mäuschen aber hatte Steffis Schwanz festgehalten. Und dieses Mäuschen hatte plötzlich losgelassen und stattdessen einen Stengel ergriffen. Den hielt es nun fest umklammert.

„Sie sind furchtbar frech und dumm!" schimpfte Steffi.

„Nein, wir sind müde...müde...müde...müde...müde", fiepten die Mäuschen. „Wir können nicht mehr weiter...weiter...weiter...weiter... weiter." Sie klammerten sich noch fester aneinander, und das eine, das sich eigentlich an Steffis Schwanz halten sollte, hielt den Stengel noch fester.

„Was soll ich nur tun?" Steffi war den Tränen nahe. „Wie soll ich sie nur nach Hause bringen?"

„Können nicht...können nicht...können nicht...können nicht... können nicht."

„Sie sind so schrecklich dumm, weil es Spitzmäuse sind", erklärte Steffi.

„Das wußte ich nicht", sagte Emil. „Aber warum läßt du sie denn nicht einfach hier und gehst ohne sie nach Hause?"

Steffi war entsetzt. „Das kann ich doch nicht! Es könnte ihnen doch etwas zustoßen! Sie sind noch so klein, da muß jemand auf sie aufpassen."

„Hör zu, lauf du zu Sebastian und Florian", schlug Emil vor – er selbst verspürte im Augenblick gar keine Lust zum Laufen. „Einer der beiden weiß bestimmt Rat. Ich werde in der Zeit auf deine Kinder aufpassen."

„Meinst du wirklich, du kommst mit ihnen zurecht?” Steffi Spitzmaus hatte Bedenken.
„Aber selbstverständlich. Sieh doch nur, wie sie an dem Stengel hängen. Du willst doch nicht sagen, daß sie davonlaufen?” Emil hielt seine Frage eigentlich für dumm und überflüssig.
„Seid lieb!” rief Steffi ihren Kindern zu, als sie fortging.
Die Mäusekinder sagten gar nichts. Emil nahm an, sie wären sehr müde. Er hoffte, sie würden bald einschlafen. Doch kaum war Steffi Spitzmaus außer Sichtweite, da wurden sie springlebendig.
„Spielen...spielen...spielen...spielen...spielen”, fiepten sie.
Das eine, das den Stengel hielt, ließ ihn so plötzlich los, daß er hin- und herschwankte. Die ganze Mäusereihe aber machte kehrt und versuchte, von hinten an Emil heranzukommen.
„Anfassen...anfassen...anfassen.... anfassen...anfassen”, riefen die Mäuschen.

„Untersteht euch, nach meinem Schwanz zu greifen!" rief Emil und drehte sich blitzschnell um. Doch die Mäuschen drehten sich ebenso schnell mit. Emil gelang es nie, sie vor sich zu haben. Sie drehten und drehten sich, und Emil wurde so schwindelig dabei, daß er schließlich über die eigenen Füße stolperte.

Er stöhnte. Alles um ihn her schien sich zu drehen.
Seine Schnurrbarthaare zuckten. „Au!" schrie er, als ein scharfes Mausezähnchen seinen Schwanz zu fassen bekam. „Loslassen!" brüllte er. „Hilfe! Hilfe!" Doch es kam keine Hilfe. Alle Mäusekinder hingen nun an Emil.

Die Spitzmäuschen müssen schrecklich müde gewesen sein. Sobald sie nämlich an Emils Schwanz hingen, schliefen sie ein. Vergeblich versuchte Emil, sie loszumachen. Da kam Steffi zurück, begleitet von Sebastian und Florian. Sebastian schob den Schubkarren vor sich her. Als er Emil sah, grinste er breit. Florian hätte am liebsten laut gelacht, doch er traute sich nicht.
„Bitte, helft mir", flehte Emil.
Sebastian und Florian hoben Emil samt Mauseschwanz in den Schubkarren und fuhren die Ladung bis zu Steffi Spitzmaus' Haustür. Sie eilte sogleich ins Haus und kochte die Lieblingsspeise ihrer Kinder. Als der köstliche Duft gebratener Pilze den Mäuschen in die Nase stieg, blinzelten sie und wachten auf.
„Pilze...", riefen sie und ließen Emils Schwanz sogleich los. „Pilze ...Pilze...Pilze...Pilze."
„Tschüs Emil...Emil...Emil...Emil...Emil", riefen sie, sprangen vom Schubkarren und sausten ins Haus.
Steffi bedankte sich für das Heimbringen ihrer Kinder. „Ich würde euch ja gern zum Essen einladen; aber wer weiß, vielleicht wollen meine Kinder dann wieder spielen...", sagte sie mit einem Blick zu Emil und kicherte.
Als sei er von einer Wespe gestochen worden, sprang Emil vom Schubkarren und rannte davon.
„Wiedersehen! Ich habe keinen Hunger!" rief er zurück.
„Das ist wahrhaftig das erste Mal, daß ich Emil sagen höre, er hat keinen Hunger", staunte Sebastian.
„Warte nur, bis Emil wieder zu Hause ist! Da kommt der Hunger dann schon wieder", lachte Florian. Und er behielt recht.

Tauschgeschäfte

Emil hatte etwas angestellt: Er hatte sich auf Sebastians umgedrehten Sandeimer gestellt, um im Schuppen etwas Hochliegendes zu erreichen. Da, krach! war der Boden eingebrochen. Gewiß, Emil hatte es nicht absichtlich getan, aber schimpfen würde Sebastian bestimmt! Also versteckte Emil den kaputten Eimer lieber hinter einem Holzstapel und den Boden unter ein paar Blättern.

Lange blieb der Schaden nicht verborgen. Bereits am nächsten Tag fand Sebastian den Eimer. – Emil war gerade unterwegs, um mit dem Fernglas Baumwipfel zu beobachten.

Sebastian zeigte Florian den kaputten Eimer.

„Wo mag wohl der Boden sein?" fragte der verdutzt.

„Er muß irgendwo hier herumliegen", meinte Sebastian und begann sogleich zu suchen. Sie stocherten gerade in den Blättern herum, da bog, wie gerufen, Viktor Wiesel um die Ecke ihres Hauses.

Viktor Wiesel kam gelegentlich bei ihnen vorbei. Töpfe und Pfannen baumelten klappernd an seinem Gürtel.
„Der kommt uns gerade recht." Sebastian freute sich. Kurz darauf tauschten sie den bodenlosen Eimer und zwei Stücke von Florians Obstkuchen gegen einen von Viktor Wiesels neuen Eimern ein.

Emil traf Viktor Wiesel auf dem Feldweg. Sein Herz hüpfte vor Freude, als er sah, daß Viktor einen Eimer trug. „Gerettet", murmelte er. Ohne zu verhandeln, schnappte Emil den Eimer und drückte Viktor dafür sein Fernglas in die Hand.
„Nimm du dies, ich nehme das dafür", sagte er glücklich.

„Vielen Dank!" rief Emil und rannte davon.
„Ich weiß gar nicht, wofür", murmelte Viktor verdutzt.
Emil war hocherfreut. Nun konnte er den kaputten Eimer gegen den neuen austauschen, und weder Sebastian noch Florian würden je erfahren, daß er den Eimer beschädigt hatte! Doch wie überrascht war er, als an dem Haken im Schuppen bereits ein neuer Eimer hing!
„Was tut der denn da oben?" rutschte es ihm heraus.
„Warum sollte der Eimer nicht dort hängen?" fragte Sebastian zurück.
„Weil ich...hm...Ist alles in Ordnung mit ihm?"
„Natürlich. Warum?" fragte Sebastian und sah Emil dabei so seltsam an.
„Och, nichts", meinte Emil. Vielleicht hatte er Glück. Vielleicht hatte Sebastian noch nichts bemerkt. Je schneller er die Eimer austauschte, desto besser.
Doch da fragte auch schon Florian: „Was versteckst du denn da hinter deinem Rücken?"
„Das? Das ist ein Eimer."
„Das sehe ich", meinte Florian. „Aber warum versuchst du, ihn vor uns zu verbergen?"
„Tu' ich ja nicht", antwortete Emil schnell. „Ich...äh...Ich dachte, wir könnten mal einen neuen gebrauchen."
Da nahm Florian Emil den Eimer ab, hielt ihn vor sein Gesicht und sah Emil durch das Loch im Boden an.
„Darin wirst du aber nicht viel tragen können", spottete er.
Emil stockte vor Schreck der Atem. „Man hat mich betrogen!" schrie er außer sich. „Oh, dieser...dieser...dieser...dieser Viktor!"
„Meinst du vielleicht Viktor Wiesel?" fragte Sebastian.

„Ja, genau den meine ich." Emil sah wirklich erbost aus.
„Du weißt sicher, daß dies unser alter Eimer ist?" fragte Florian.
„Alt? Unser alter Eimer?" Emil stockte der Atem. Er hatte den dringenden Verdacht, daß er einen großen Fehler gemacht hatte.
„Ja, unser alter Eimer", bestätigte Florian. „Wir tauschten ihn vor nicht einmal fünf Minuten gegen einen neuen um. Was willst du damit anfangen?"
„Ich...äh...Ich..." Emil wußte nicht, was er sagen sollte.
„Erkläre uns das bitte!" forderte ihn Sebastian streng auf.
Also erzählte Emil. Er beichtete alles.
„Was hast du denn Viktor Wiesel für den Eimer gegeben?" wollte Florian wissen.
„Mein Fernglas..." Emil seufzte abgrundtief. Es wird mir schrecklich fehlen..." Es fehlte ihm jedoch nicht lange, denn Viktor Wiesel brachte es zurück. „Du hast dich sicher geirrt", sagte er zu Emil. „Ein Fernglas ist mehr wert als ein kaputter Eimer. Ich schlage deshalb einen Tausch vor: Ihr gebt mir den alten Eimer und noch zwei Stücke Obstkuchen, und ich gebe euch dafür das Fernglas."
„Heute ist dein Glückstag, Emil", meinte Sebastian.
„Ja und nein", erwiderte Emil, und alle wußten, was er meinte.

Nur ein Trugbild?

An manchen Tagen, wenn die Sonne schien und keine Hausarbeit zu tun war, ruderte Emil mit dem Floß mitten auf den Teich und ließ sich dann, auf dem Rücken liegend und träumend, treiben. Eines Tages erwachte er aus so einem Traum, blinzelte, zwickte sich in die Nase und dachte, er träume noch immer.

Ein großer, grauer Vogel, mit Beinen so lang wie Stelzen, war genau über seinem Kopf vorbeigeflogen. Emil setzte sich mit einem Ruck auf und rieb sich die Augen. Er träumte nicht, der Vogel war immer noch da. Er watete in IHREM Teich. Nie in seinem Leben hatte Emil einen so großartigen Vogel gesehen.

Er wagte es nicht, nach Sebastian und Florian zu rufen. Der Vogel würde ihn bestimmt hören. Vielleicht war er scheu und würde davonfliegen. Vielleicht aber war er auch bösartig und würde ihn mit seinem langen, spitzen Schnabel picken. Vorsichtig und lautlos ruderte Emil ans Ufer. So, das war geschafft. Auf Zehenspitzen schlich er nun zum Haus. Der Vogel, es war ein Kranich, beachtete ihn überhaupt nicht. Er stand so still, als sei er ein Standbild mit aufgemalten, goldenen Augen.
Das werden Sebastian und Florian niemals glauben, dachte Emil.
Er selbst konnte es ja kaum glauben.
Sebastian und Florian waren in der Küche und bereiteten Limonade zu.
„Dddd...dda..." Emil stotterte vor Aufregung.
Sebastian preßte eine Zitrone aus, und der Saft spritzte ihm ständig in die Augen. So war er froh, daß er seine Arbeit kurz unterbrechen konnte. Interessiert sah er Emil an.
„Was ist los?" fragte er.
„Da...da ist ein Vogel... mit Beinen so lang wie...so lang wie dies."
Emils Beschreibung zufolge hatte der Kranich Beine so lang wie ein Besenstiel.
Sebastian grinste. „Aha, ich verstehe. Und wie sieht der Vogel weiter aus?"
„Er hat einen Hals so lang wie das." Emils Beschreibung zufolge hatte der Kranich einen Hals so lang wie ein Nudelholz.
„Und wahrscheinlich hat er einen Schnabel so lang wie eine Grillgabel?" fragte Sebastian.
„Ja! Ja, hat er!" rief Emil aufgeregt.
Auch Florian hatte aufgehört, Zitronen auszupressen. Er betrachtete Emil höchst verwundert.

„Meinst du, er hat zu lange in der Sonne gelegen, Sebastian?" – „Entweder das, oder aber seine Phantasie geht mit ihm durch", lachte Sebastian.
„Aber er IST da!" rief Emil und stapfte mit dem Fuß auf. „Er ist riesig! Er ist so groß... so groß wie du!"
„Also jetzt weiß ich, daß du übertreibst", lachte Florian. „Tu ich nicht!" rief Emil. „Doch... Und nun hör auf, Geschichten zu erzählen", bat Sebastian. „Preß lieber ein paar Zitronen aus... Du wirst ohnehin das meiste von der Limonade trinken, wenn sie erst fertig ist."
„Werd' ich nicht!" trotzte Emil und stürmte wetternd davon.

Aufgebracht stapfte er zum Teich. Jetzt war es ihm gleichgültig, ob der Kranich ihn picken würde. „Sie wollen nicht glauben, daß es dich wirklich gibt", sprach er den Vogel an. „Sie glauben, ich habe dich erfunden." Und um sich selbst zu überzeugen, tupfte er mutig mit dem Finger an das dünne Bein des Kranichs.

Der Kranich drehte sich um und sah ihn hochmütig an.
„Du bist doch wirklich, oder ...?” fragte Emil.
„Selbstverständlich”, sagte der Kranich. „Doch ich wüßte gern, ob du ulkiges Wesen wirklich bist.” Und ohne eine Antwort abzuwarten, breitete er seine Flügel aus und flog davon.

Emil stand da und sah dem Kranich nach, bis er nur noch ein winziger Punkt am Himmel war. „Na, wo ist er?" ertönte da eine Stimme dicht neben seinem Ellenbogen.

Emil fuhr der Schreck in die Glieder. Sebastian und Florian waren zu ihm hingekrochen und grinsten von einem Ohr zum andern.

„Wo ist wer?"

„Der Vogel, mit den Beinen so lang wie ein Besenstiel..."

„Weg", gab Emil zur Antwort.

„Das dachten wir uns", meinte Sebastian und blinzelte Florian schlau zu. Der nickte: „Ja, ja, er hat geträumt."

„Habe ich nicht!" wehrte sich Emil. „Ich habe mit ihm gesprochen. Er hat mir gesagt, daß er wirklich ist."

„Manche glauben alles", lachte Sebastian. „Und andere wieder nichts", seufzte Emil.

Eine Nacht im Schuppen

Etwas war genau vor Sebastian und Emil über den Weg gesprungen und hatte sich dann unter einem Blatt versteckt. Etwas Kleines.
„Ein springender Stein!" kreischte Emil.
„Sei nicht albern, Steine springen nicht", belehrte ihn Sebastian. Er hob das Blatt hoch, um zu sehen, was sich darunter versteckte.
„Huch!" kreischte Emil, als das kleine Ding wieder hüpfte.
„Hör auf zu schreien, du erschreckst es", schalt Sebastian.
„Und es erschreckt mich! Aber das zählt ja wohl nicht", murrte Emil.
„Komm her, Fröschlein", sagte Sebastian und hob das kleine Tier auf. „Hier, sieh es dir an. Es tut dir nichts."
Emil wagte es hinzusehen. Da hüpfte der kleine Frosch erneut. „Huch!" kreischte Emil und sprang einen halben Meter hoch in die Luft. „Er hat gegen meine Nase geboxt!"
Sebastian seufzte: „Manchmal bist du wirklich entsetzlich albern."
„So ein schreckliches Tier! Springt herum und boxt einem Maulwurf gegen die Nase, wenn er überhaupt nicht damit rechnet", klagte Emil.
„Sieh nur, da ist noch einer. Und noch einer!" rief Florian aus. Ringsumher wimmelte es von kleinen Fröschen.

Wohin Emil auch ging, ständig sprang ihn ein Frosch an. Und jedesmal, wenn ein Frosch hüpfte, hüpfte auch Emil. „Wo kommen die nur alle her?" jammerte er.
„Aus dem Teich natürlich", lachte Sebastian. „Den Kaulquappen sind Beine gewachsen!"

„Aber es gibt Millionen von Kaulquappen im Teich!" rief Emil entsetzt. „Werden die alle zu Fröschen?"
„Möglicherweise", antwortete Sebastian. Ohne ein weiteres Wort verschwand Emil im Geräteschuppen und knallte die Tür hinter sich zu.

„Was willst du denn da drin?" rief Sebastian durchs Fenster. „Ich bleibe hier, bis alle Frösche weggehüpft sind", kam Emils Antwort.
„Ich glaube, er hat Angst vor ihnen", meinte Florian.
„Habe ich nicht!", sagte Emil. Doch als es Zeit zum Zubettgehen war, war er immer noch im Schuppen.
„Sind sie alle weg?" erkundigte er sich durch einen Türritz.
„Wie sollen wir das wissen? Es ist dunkel", antwortete Sebastian.
„Wahrscheinlich schlafen sie", meinte Florian. „Los, Emil, sei tapfer und lauf hinüber zum Haus."
„Soll ich? Oder soll ich nicht?" überlegte Emil laut. „Vielleicht warten sie alle draußen auf mich, um dann auf mich loszuspringen... Nein, ich habe mich entschlossen... Ich bleibe... Ihr könnt mein Bett in den Schuppen bringen... Hier ist es sicherer für mich."
„Dann wirst du aber mit der Liege vorlieb nehmen müssen", gab Sebastian zu bedenken. „Wenn du in deinem richtigen Bett schlafen willst, mußt du ins Haus kommen."
„Ich weiß gar nicht, warum du ärgerlich bist", sagte Emil. „Ich werde doch von den Fröschen angegriffen!"
Er öffnete die Tür des Schuppens gerade so weit, daß die Dachse

die Liege durch den Spalt hineinschieben konnten. Dann schloß er die Tür rasch wieder. Er schlief nicht sehr gut. Um ehrlich zu sein, er tat kein Auge zu. Die Wände des Schuppens knackten, und einmal dachte er, es hätte etwas geknarrt. Er konnte jemanden atmen hören, aber er meinte, das wäre er selbst.

„Vielleicht hätte ich doch ins Haus gehen sollen", seufzte er, als das erste Dämmerlicht durch ein Astloch in den Schuppen fiel.

„Warum? Gefällt es dir hier nicht?" fragte eine tiefe, gewichtige Stimme unter seiner Liege. „Ich schlafe hier immer. Ich finde es hier gemütlich."

Emils Schrei hob beinahe das Dach vom Schuppen. Er stieß die Tür so heftig auf, daß sie fast aus den Angeln sprang. So eilig hatte er es hinauszukommen!

Er rannte durch den Garten, klopfte laut an die Hintertür und rief: „Laßt mich rein! Laßt mich rein!"

Erst als Emil etwas Warmes getrunken und ein Stück von Florians Schokoladenkuchen gegessen hatte, wurde er ruhiger.

„Es ist... Es ist jemand im Schuppen", stieß er hervor. „Der oder die waren dort die ganze Nacht mit mir!"

Sebastian und Florian sahen sogleich im Schuppen nach. Als sie den

Eindringling sahen, luden sie ihn in ihr Haus ein. „Ich möchte dir Opa Frosch vorstellen", sprach Sebastian breit grinsend. „Freut mich, dich wiederzusehen", sagte der Frosch. Emil erkannte die Stimme wieder und fiel vor Schreck in Ohnmacht. Da war er vor den Fröschlein davongelaufen und hatte die ganze Nacht mit einem RIESIGEN FROSCH im Schuppen verbracht!

Das große Geheimnis

Sebastian hatte ein Vogelhaus gebaut und es im Garten auf einem Baumstumpf aufgestellt.
Emil beobachtete, wie die Tauben dort einzogen.
„Wenn mir nur auch jemand so ein Haus bauen würde“, seufzte er.
Er ahnte nicht, daß Sebastian hinter ihm stand.

An diesem Abend begann jedesmal ein heftiges Geflüster, wenn Emil das Zimmer verließ. Am nächsten Morgen, als die Hausarbeit erledigt war, sagte Florian zu Emil: „Hol die Axt, wir müssen Holz fällen."

„Müssen wir wirklich?" seufzte Emil. Er mochte diese Arbeit nicht, er bekam davon Rückenschmerzen. Und er wurde müde dabei.

Sebastian packte ihn hart an der Schulter und bugsierte ihn hinaus. „Wir brauchen deine Hilfe", sagte er. „Also sei lieb, hol deine Axt. Du findest uns oben bei der großen Eiche." Emil wußte genau, wo die Axt war. Er holte sie jedoch so langsam, wie nur möglich. Anschließend schlenderte er langsamer als eine Schnecke durch den Wald.

„Mit dem hier kannst du anfangen." Sebastian zeigte auf einen dünnen, schmächtigen Baum. „Den fällst du als erstes."

„Iich?" fragte Emil. Wenn er gewußt hätte, daß ER die Axt schwingen sollte, hätte er sich noch mehr Zeit gelassen.

„Ja, du", bestätigte ihm Sebastian. „Florian und ich haben etwas anderes zu tun. Und wenn du mit dem Baum fertig bist, fällst du noch diesen, den dort und jenen." Und um jeden Irrtum auszuschließen, band er um jeden der vier Bäume eine Kletterpflanze. „Drücken gilt nicht..."

Sobald Sebastian und Florian gegangen waren, legte Emil die Axt beiseite und setzte sich auf einen gefällten Baumstamm.
„Frechheit", knurrte er. „Ich soll die ganze Arbeit tun."
Er saß dort noch, als Sebastian und Florian eine halbe Stunde später mit einer Ladung Holzbrettern zurückkamen.
„Schon fertig?" fragte Sebastian, obwohl er eigentlich sehr wohl sah, daß Emil nicht einmal angefangen hatte.
„Na ja, noch nicht ganz", gestand Emil zögernd.
„Also, mach nur weiter!" ermunterte ihn Florian, als er mit Sebastian wieder fortging.
Als sie das nächste Mal zurückkamen, hörte Emil sie rechtzeitig. Er war daher fleißig bei der Arbeit.
Die Dachse brachten eine Leiter und ein Seil mit. Sie lehnten die Leiter gegen den Stamm der dicken Eiche, und Sebastian kletterte mit dem Seil hinauf.
„Was macht ihr denn?" fragte Emil, auf die Axt gestützt.
„Fälle du nur weiter Bäume", lautete Florians Antwort.
„Man darf ja wohl noch fragen", murmelte Emil beleidigt. Die ganze Zeit über murrte und knurrte er nun vor sich hin, während er die Axt schwang. „Wenn sie so zu mir sind, werde ich bestimmt nicht noch einmal fragen", schwor er sich.

Emil beobachtete, wie Sebastian und Florian mit dem Seil Holzbalken auf den Baum zogen. Wenn er nur wüßte, wozu sie die brauchten! „Emil, hör auf, hierher zu starren! Sieh zu, daß du mit dem Bäumefällen weiterkommst! Wir brauchen sie für unsern Plan!" rief Florian. „Wenn du uns warten läßt, wirst du nie erfahren, was das wird!"

Als alle Bäume gefällt waren, schlang Sebastian ein Seil um sie und beförderte sie ebenfalls ins Geäst des Baumes. „Jetzt kannst du die kleineren Stücke heraufbringen!" rief er.
„Ich arbeite doppelt soviel wie die andern", grollte Emil, als er die Leiter mühsam hinauf- und hinunterkletterte.

Sebastian und Florian ließen ihn den ganzen Tag arbeiten. Am späten Nachmittag schließlich schickte Sebastian ihn zum Haus hinunter, damit er ihnen ein paar belegte Brote und eine Thermosflasche voll Kaffee zubereite.

„Ich bin so müde", klagte Emil. „Kann denn nicht einer von euch gehen?" Er konnte sich nicht erinnern, jemals so hart gearbeitet zu haben, noch dazu so lange. Er glaubte auch nicht, daß ihn je sein Rücken so arg geschmerzt hatte. Er verstand nicht, warum die Dachse so vergnügt aussahen.

„Laß dir Zeit!" rief Florian, als Emil davonstapfte.

„Danke!" rief Emil zurück. „Sicher denkt ihr euch in der Zwischenzeit eine neue Beschäftigung für mich aus!"

Emil blieb eine Ewigkeit weg. Sebastian und Florian hatten das geahnt, ja, sie hatten sogar damit gerechnet. Sie hatten zu tun. Sobald Emil außer Sichtweite war, arbeiteten sie wie die Wiesel und legten letzte Hand an ihre Tagesarbeit.

„Gerade rechtzeitig fertig", sagte Sebastian, als er Emil kommen hörte. War das eine Überraschung für Emil! „Aber... Aber... wir haben ja ein Baumhaus gebaut! Warum habt ihr mir nichts davon gesagt?